BEI GRIN MACHT SICH IHR WISSEN BEZAHLT

Mediation anstatt Gerichtsverfahren. Ablauf, Prinzipien und Ort

Angelika Paul

Bibliografische Information der Deutschen Nationalbibliothek:

Die Deutsche Nationalbibliothek verzeichnet diese Publikation in der Deutschen Nationalbibliografie; detaillierte bibliografische Daten sind im Internet über http://dnb.d-nb.de abrufbar.

ISBN: 9783346786791
Dieses Buch ist auch als E-Book erhältlich.

FernUniversität Hagen Wintersemester 2021/22

Berufsbegleitender Studiengang zum
„Master of Mediation"

1. Semester

Modulabschlussarbeit: Modul 1

Inhaltsverzeichnis

Aufgabe 1

Was ist Mediation?

Mediation ist eine Methode zur außergerichtlichen Konfliktbearbeitung. Beteiligt sind, neben den betroffenen Parteien, den sog. Medianden, ein Mediator als unabhängiger, neutraler und allparteilicher Vermittler (bei großen Verfahren können auch mehrere Mediatoren zum Einsatz kommen). Er sorgt dafür, dass das Mediationsverfahren strukturiert sowie vertraulich abläuft. Das Verfahren selbst unterliegt einigen Grundsätzen, die im Mediationsgesetz verankert sind. Hierzu zählt zum Beispiel die Freiwilligkeit. Diese besagt zum einen, dass keiner der Parteien verpflichtet ist an dem Verfahren teil zu nehmen, zum anderen, dass die Parteien jederzeit aus dem Verfahren aussteigen können, ohne dass dies für sie mit einem Nachteil verbunden ist.[1] Die Parteien wählen den Mediator, unter zuvor abgestimmten objektiven Kriterien, gemeinsam aus. Ziel der Mediation ist es, eine faire und nachhaltige Lösung zu generieren, die von allen Parteien getragen werden kann. Dieses Vorhaben wird von einem weiteren Grundsatz, der Selbstverantwortlichkeit, unterstützt. Dieser Grundsatz stellt sicher, dass die Parteien die Lösungsfindung nicht an den Mediator delegieren, sondern selbst an einer gemeinsamen Lösung ihres Konflikts arbeiten.[2] Der Mediator hingegen obliegt ebenfalls einigen Grundsätzen. Hierzu gehören Verschwiegenheit, Unabhängigkeit, Allparteilichkeit und Neutralität. Diese werden wiederum in Aufgabe 2 ausführlicher erläutert. Das Mediationsverfahren findet auf verschiedenen Gebieten statt, unter anderem auch im Nachbarschaftsrecht. Hier kann die Mediation einen Rahmen bieten sich gemeinsam an einen Tisch zu setzten und an einer dauerhaften Lösung zu arbeiten.[3] Auf diesen Punkt wird in Aufgabe 5 näher eingegangen. Nachhaltig ist die Meditation vor allem deshalb, weil sie die Fähigkeit stärkt Konflikte eigenständig zu lösen, persönliche Beziehungen stärkt und psychische Belastungen mindert.[4]

---

[1] § 2 Abs. 2 MediationsG.
[2] §1 Abs. 1 MediationsG.
[3] Ponschab, Mediation und Litigation, S. 65.
[4] Schlieffen, Praktische Einführung in die Mediation, S. 15.

Wie läuft eine Mediation ab?

Nachdem sich die Medianden auf einen Mediator geeinigt haben, werden zunächst alle Formalitäten besprochen, um eine verbindliche Mediationsvereinbarung schließen zu können. Hierzu gehören unter anderem Ziel und Zweck des Mediationsverfahrens, der zeitlichen Ablauf sowie das Honorar des Mediators und ggf. die Erläuterung des Unterschieds gegenüber einem Gerichtsverfahren. Hierzu zählt ebenfalls die Überlegung welche Alternativen die Parteien hätten, sollte die Mediation zu keinem Ergebnis kommen (sog. Best Alternative To a Negotiated Agreement) sowie die Überlegung unter welchen Gesichtspunkten der Konflikt betrachtet werden soll (z.B. nötiges Fachwissen von weiteren Experten).

Als nächstes wird ein erstes Treffen vereinbart, bei dem alle Beteiligten an einem Tisch sitzen. Nach einer allgemeinen Vorstellung aller Anwesenden, erläutert der Mediator das bevorstehende Verfahren. Dabei erklärt er die allgemeinen Phasen einer Mediation sowie die Möglichkeit weitere Experten hin zu ziehen zu können oder auch Einzelgespräche führen zu können. Er beschreibt die fünf Prinzipien der Freiwilligkeit, Selbstverantwortung, Vertraulichkeit, Informiertheit und Neutralität/ Allparteilichkeit, die wie bereits erwähnt in Aufgabe 2 näher erläutert werden und verdeutlicht noch einmal die Rolle des Mediators. Seine Rolle ist die des Vermittlers oder auch Unterstützers, der die Parteien dabei unterstützt zu einer gemeinsam getragenen Lösung zu gelangen. Er erläutert weiterhin die Verschwiegenheitspflicht seinerseits gegenüber Dritten sowie der anderen Partei gegenüber, um für eine vertrauensvolle Atmosphäre zu sorgen. Der Aspekt der Vertraulichkeit wird in Aufgabe 3 weiter ausgeführt. Er vergewissert sich weiterhin ob zu einem der genannten Punkte noch Fragen entstanden sind und beantwortet diese gegebenenfalls. Im Anschluss daran werden gemeinsame „Spielregeln" festgelegt, die die Zusammenarbeit fördern sollen. Diese allgemeinen Regeln können, für alle sichtbar, zum Beispiel auf einem Flipchart notiert und für jede Sitzung wiederverwendet werden. Sollten dann keine weiteren Klärungspunkte mehr aufkommen, werden als nächstes die Konfliktursachen gemeinsam erläutert.

Die Parteien haben nun die Möglichkeit ihre Sichtweise darzustellen und sich im Gegenzug auch die der anderen Partei anzuhören. Der Mediator übernimmt hierbei zunächst eine Moderierende Rolle. Er achtet unter anderem auf das Einhalten der vorher notierten Spielregeln, erstellt einen Themenspeicher und sorgt durch nachfragen, bestätigen oder verstärken für eine konstruktive Kommunikation zwischen den Parteien. Ziel ist es eine Themenübersicht mit Abhängigkeiten und/ oder Priorisierungen vorliegen zu haben. Mit dieser Themenliste geht es in die nächste Phase. Der Mediator erläutert nun den Unterschied zwischen Position und Interesse. Kurz zusammengefasst heißt das, er erläutern den Parteien, dass Interessen nach dem „warum?" fragen und somit lösungsorientiert sind. Sie erforschen das Motiv hinter einer Position während Positionen vergangenheitsorientiert sind und nach dem „was?" und „wann?" fragen.[5] Anschließend unterstützt er durch gezielte Fragen die Parteien dabei, ihre Interessen zu formulieren. An dieser Stelle könnte es hilfreich sein die Parteien zu „trennen" und das Verfahren in Einzelgesprächen fortzuführen. Denn wenn es um Interessen geht, kann es sehr persönlich werden und auf die Beziehungsebene rutschen. Das Ziel ist, die Gefühle „sichtbar" zu machen und der der Gegenpartei wiederum verständlich zu vermitteln. Am Ende dieser Phase könnte eine Liste der Interessen und Ziele erstellt werden, die dabei hilft Transparenz und Vertrauen zu schaffen.

Sind die Interessen erst einmal ersichtlich, wird in der nächsten Phase an Lösungsvarianten gearbeitet. Wie die Lösungsmöglichkeiten gesammelt werden ist nicht festgelegt. Hierbei kann jeder für sich oder alle gemeinsam Möglichkeiten notieren, aufmalen oder benennen. Generell finden in dieser Phase alle bekannten Kreativitätstechniken Anwendung. Sobald alle möglichen Optionen aufgeschrieben wurden beginnt das Bewerten oder auch Verhandeln.

Hierbei werden die Optionen betrachtet und diskutiert und falls notwendig, in Einzelgesprächen eine Risikoanalyse durchgeführt. Eine weitere Option ist das Einführen von objektiven Kriterien oder neutralen Verfahren. Je nach Situation wird der Mediator das passende Verfahren erläutern und zur Wahl stellen.

In der letzten Phase werden nun die gemeinsam erarbeiteten Ergebnisse zusammengefasst und mit Zustimmung aller in einem Protokoll niedergeschrieben. Hier werden Verbindlichkeiten geschaffen und geklärt

---

[5] Schweizer, Konflikte und wie wir sie lösen, S. 65 ff.

wer was bis wann erledigen soll sowie welche Konsequenzen möglicherweise eintreten, sollte ein Verstoß gegen die Vereinbarung geschehen. Der Mediator kann als Kontrollmechanismus ein weiteres Treffen anbieten. Außerdem hat er die Möglichkeit den Parteien anzubieten, das Mediationsverfahren bei Konflikten, die im weiteren Verlauf oder während der Erfüllung der Abschlussvereinbarung entstehen, wieder aufzunehmen.[6]

Zusammenfassend kann man demnach sagen, dass es folgende sechs Phasen gibt:

- Vorphase: Klärende Fragen und Vorüberlegungen
- Eröffnungsphase: Vorstellung der Beteiligten
- Klärung des Sachverhalts und der Themen
- Klärung der Interessen
- Erarbeiten und Bewerten der Lösungen
- Abschlussvereinbarung

---

[6] Ponschab, Mediation und Litigation S. 54 ff.

Aufgabe 2

Neutralität. Das Wort neutral stammt aus dem lateinischen und bedeutet unparteiisch. Diese Eigenschaft betrifft vor allem die Rolle des Mediators. Er soll als neutrale Person dafür Sorge tragen, dass die Parteien dieselbe Ausgangssituation haben und sich gleichermaßen an der Kommunikation beteiligen können. Laut Schmitt kann Neutralität sowohl positiv als auch negativ sein. Dabei führt die negative Neutralität von einer Entscheidung weg und die positive Neutralität zu einer Entscheidung hin. Daraus lässt sich schließen, dass Neutralität nur im Zusammenhang mit einer Entscheidung steht.[7] Doch der Mediator selbst trifft lediglich Entscheidungen hinsichtlich des Verfahrens.[8] Dabei dienen zum einen das Mediationsgesetzt und zum anderen die Mediationsvereinbarung als Orientierung für etwaige Entscheidungen. Darüber hinaus hat der Mediator seine Unabhängigkeit zu gewährleisten und soll als neutrale Person die Parteien durch die Mediation führen.[9] Weiterhin darf der Mediator keine persönliche Beziehung zu einer der Parteien haben sowie während oder nach der Mediation in gleicher Sache tätig werden.[10] Die Neutralität soll zum einen dadurch sichergestellt werden, dass der Mediator selbst dazu verpflichtet ist, Informationen bezogen auf seine Neutralität eigenständig an die Parteien heranzutragen, zum anderen durch objektives Auswahlverfahren, dass durch die Medianden selbst durchführen wird. Doch nicht nur die Beziehung des Mediators zu einem der Parteien spielt eine Rolle, § 3 Abs. 1 (MediationsG) weist darauf hin, dass er bei einem zu engen Bezug zum Streitgegenstand die Parteien ebenfalls darüber informieren muss und nur unter Zustimmung beider/ aller Parteien das Verfahren (fort)führen darf. An dieser Stelle sei zu erwähnen, dass sollte das Neutralitätsprinzip auch während des Verfahrens nicht (mehr) eingehalten werden, dieses jederzeit von allen Beteiligten abgebrochen werden kann.[11] Dies besagt auch das nächste Prinzip.

Das Prinzip der *Freiwilligkeit.* Das Mediationsverfahren ist, wie bereits erwähnt ein außergerichtliches Verfahren und soll den beteiligten Personen Raum zur kreativen Lösungsfindung geben. Das setzt voraus, dass sich alle

[7] Schmitt, Der Hüter der Verfassung, S. 111 ff.
[8] § 2 Abs. 3 MediationsG.
[9] §1 Abs. 2 MediationsG.
[10] Vgl. § 3 Abs. 2 MediationsG.
[11] Vgl. Kracht, Aufgaben des Mediators, S. 45.

Parteien eigenständig und ohne Druck von außen dazu entschließen können an dem Verfahren teilzunehmen. Dieser Aspekt ist so entscheidend, dass er im Mediationsgesetz verankert ist.[12] Dieses regelt weiterhin, dass die beteiligten Parteien während des Verfahrens jederzeit die Möglichkeit haben auszusteigen, ohne das für sie daraus ein Nachteil entsteht. Das schließt einen möglichen Gerichtsprozess mit ein. Eine Aufgabe des Mediators besteht demnach darin, sicher zu stellen, dass dieser Grundsatz sowohl zu Beginn als auch während der Mediation eingehalten wird.

Ein weiteres Prinzip der Mediation ist das der *Selbstverantwortlichkeit*. Dieser Aspekt soll verdeutlichen, dass der Mediator, anders als ein Schiedsrichter, keine Lösung vorschlagen kann und soll. Er unterstützt lediglich die Parteien bei ihrer Lösungsfindung. Darüber hinaus sind die Parteien ebenfalls für ihre getroffenen Vereinbarungen und Verbindlichkeiten verantwortlich. Der Mediator kann dabei eine aktive oder passive Rolle einnehmen. Dabei prägten McCarthy und Cormick den Begriff des passiven Mediators und Susskind den des aktiven Mediators. Die Hauptunterschiede der beiden Mediationsarten sind, ein aktiver Mediator:[13]

- Ist nicht nur Kommunikator, sondern echter Helfer
- Wirkt darauf hin, dass das Ergebnis rechtlich überprüft wird
- Übernimmt eine aktive Rolle in der Verhandlung und kann eigene Vorschläge einbringen

Für welche Form man sich auch entscheidet, wichtig ist hierbei, dass der Mediator darauf achten, dass die Parteien nachdem sie (neue) Informationen bekommen haben, auch die Zeit bekommen, die sie benötigen um die neu gewonnen Erkenntnisse für sich zu prüfen und zu überdenken. Dahinter verbirgt sich ein weiterer Grundsatz der Mediation, der Begriff der *Informiertheit*.

Darunter wird zunächst einmal zusammengefasst, dass die Parteien über alle relevanten Fakten und Umstände sowie die Rechtslage informiert sein müssen. Dies gilt über das gesamte Verfahren hinweg. Geregelt wird dies nach § 2 Abs. 3 MediationsG. Hier kommt dem Mediator eine weitere Aufgabe zu. Er hat dafür Sorge zu tragen, dass alle Parteien stets alle

---

[12] Vgl. § 1 Abs. 1 MediationsG.
[13] Vgl. Kracht, Aufgaben des Mediators, S. 52.

Informationen zur Verfügung stehen. Dies betrifft auch das vom Mediator ggf. existierende Fachwissen. Dabei sollte er stetes darauf achten seine Neutralität zu wahren. Zu berücksichtigen sind dabei die vertraulichen Informationen, die bei Einzelgesprächen entstehen können. Hierbei steht der Grundsatz der Vertraulichkeit über dem der Informiertheit.[14]

Als letztes wird hier das Prinzip der *Vertraulichkeit* aufgeführt. Dieses Prinzip dient dazu, dem Verfahren den Rahmen zu geben, den es für eine konstruktive Lösungsfindung braucht. Dabei wird in § 4 MediationsG die Verschwiegenheit des Mediators regelt. Er ist auch dafür verantwortlich, dass alle Beteiligten sich ebenfalls daranhalten. Sollte die Mediation scheitern und sich daraus ein Gerichtsprozess entwickeln, besteht die Verschwiegenheit weiterhin. Auf eine detaillierte Beschreibung der Sonderregelungen und Ausnahmen bezüglich der Verschwiegenheitsplicht wird hier verzichtet. Die Mediationsvereinbarung regelt für alle Beteiligten den Rahmen der Vertraulichkeit, um sicher zu stellen, dass die Verhandlung in einem vertrauensvollen Umfeld durchgeführt werden. Bei Verletzung dieser kann in der Mediationsvereinbarung eine Strafe festgehalten werden, welche es zu entrichten gibt, sollte einer der Beteiligten diese brechen. Es sei zu erwähnen, dass in einem Verfahren, an dem mehrere Mediatoren beteiligt sind, sich die Verschwiegenheitspflicht auf die beteiligten Mediatoren überträgt. Das bedeutet, dass die Mediatoren untereinander Zugang zu allen Informationen brauchen, jedoch nach außen, zum Beispiel vor Gericht, die Verschwiegenheitspflicht greift. Um Transparenz und Vertrauen im gesamten Verfahren bei zu behalten, werden die Parteien darüber auch informiert.

---

[14] Kracht, Aufgaben des Mediators, S. 58.

Aufgabe 3

Der Umgang mit der Verschwiegenheitspflicht.

In der Mediation geht es vor allen darum, hinter die Standpunkte bzw. Positionen der Konfliktparteien zu blicken, also diese zu durchdingen und die Interessen der jeweiligen Parteien herauszuarbeiten, um damit eine konstruktive Verhandlung vorzubereiten. Damit dies gelingen kann, ist eine vertrauliche Atmosphäre unerlässlich.

Grundsätzlich sind die Parteien gesetzlich nicht zu einer Verschwiegenheit verpflichtet. Erst durch die vom Mediator initiierte Mediationsvereinbarung wird der notwendige Rahmen und somit auch der entsprechende Schutz hergestellt. Dafür setzt er eine sog. Vertraulichkeitsabrede auf. Diese beinhaltet neben der Beschreibung was Verschwiegenheit bedeutet, auch eine mögliche Strafe bei Vertragsbruch. Zu erwähnen sei hier jedoch, dass diese lediglich bei Zivilprozessen gültig ist. Allerdings werden gesetzliche Ausnahmen und Besonderheiten hier nicht weiter ausgeführt.[15]

Geregelt wird der Grundsatz der Vertraulichkeit in § 4 MediationsG mit einer Verschwiegenheitspflicht über die der Mediator die Parteien im Vorgespräch zu informieren hat. Es heißt dort: „Der Mediator und die in der Durchführung des Mediationsverfahrens eingebundenen Personen sind zur Verschwiegenheit verpflichtet, soweit gesetzlich nichts anderes gurgelt ist. Diese Pflicht bezieht sich auf alles, was ihnen in Ausübung ihrer Tätigkeit bekannt geworden ist."[16] Diese Regelung umfasst ebenfalls etwaige Einzelgespräche. Einzelgespräche kommen meist dann zum Einsatz, wenn die Parteien noch nicht bereit sind ihre Informationen in größerer Runde zu offenbaren. Den Mediator trifft dann eine doppelte Vertraulichkeit gegenüber der Welt außerhalb der Mediation sowie den jeweils anderen Medianden.[17] Es sei hier zu erwähnen, dass der Rahmen der Vertraulichkeit mit den Parteien vorab offen diskutiert werden sollte, um die Neutralität des Mediators nicht zu gefährden. Die Parteien entscheiden selbst darüber, wen sie zu ihrem Verfahren hinzuziehen möchten und haben weiterhin die Option, wenn sie es für sinnig erachten, den Mediator von seiner Verschwiegenheitspflicht zu entbinden. In diesem Fall habe er die

---

[15] Ponschab, Mediation und Litigation, S. 46.
[16] §4 MediationsG.
[17] Kracht, Aufgaben des Mediators, S. 59.

Möglichkeit durch die jeweiligen Einzelgespräche zu vermitteln, so zum Beispiel bei der Shuttle-Mediation.[18]

Im Falle einer Teammediation wird dem Vertraulichkeitsgrundsatz eine besondere Rolle zugeschrieben. Bei der Teammediation oder Co-Mediation arbeiten ein oder mehrere Mediatoren zusammen und verfügen demnach naturgemäß über unterschiedliche Informationen. Insbesondere wenn verschiedenste Einzelgespräche im Verlauf des Verfahrens geführt werden. Um Missverständnisse zwischen den Mediatoren zu vermeiden und das Verfahren nicht zu behindern, besteht in diesem Fall die Möglichkeit sich untereinander abzusprechen und eine gemeinsame, klare Kommunikation nach außen zu repräsentieren. Dies gilt insbesondere bei Großverfahren (Mehrparteienmeditation), an dem mehrere, verschiedene Parteien teilnehmen. Um hier den Überblick zu behalten, ist ebenfalls eine enge Zusammenarbeit der agierenden Mediatoren nötig. Gegenüber der Außenwelt bleibt die Verschwiegenheit jedoch weiterhin bestehen.

---

[18] Ponschab, Mediation und Litigation, S. 49.

Aufgabe 4

Der Unterschied zwischen dem Mediationsverfahren und dem Gerichtsverfahren. Um den Unterschied zwischen den beiden Verfahren zu verdeutlichen, soll in diesem Abschnitt noch einmal auf die Hintergründe bzw. die Grundüberzeugungen der jeweiligen Verfahren eingegangen werden. Die Übersicht der sieben Grundüberzeugungen von Ponschab und Schweizer bieten hier einen Einstieg in die Grundzüge eines Gerichtsverfahrens.[19]

Demnach komme nur derjenige zu einem Ergebnis bzw. Urteil, der auch einen begründeten Anspruch nachweisen kann. Dem juristischen Denken nach, gibt es eine objektive Wirklichkeit auf, die ein Verfahren aufgebaut werden könne. Dabei werden relevante Sachverhalte erörtert und von der Beziehungsebene losgelöst betrachtet. Die Entscheidungsgewalt selbst wird auf eine dritte Partei, den Richter, übertragen. Der Anwalt wiederum solle sich auf vergangene Ereignisse und Fehler konzentrieren und Schwächen der Gegenpartei aufdecken, um diese im Verfahren gewinnbringend einsetzen zu können. Das Streben nach einem Sieg ist der Grundtenor des Verfahrens. Dabei ist der Ausgang eines Verfahrens für die Parteien ungewiss, da die Entscheidungsbefugnis aus der Hand gegeben wird, bzw. an eine dritte Partei delegiert wird. Die Kosten sind hoch und das Verfahren langwierig. Es zahlt darauf aus, dass es einen Gewinner und einen Verlierer geben wird. Ponschab fasst das Denken des Juristen folgendermaßen zusammen:[20]

- Orientiert an Sieg oder Niederlage
- Vergangenheitsbezogen
- Detailbetont
- Fehlerorientiert
- Anspruchsdenken
- Delegation der Lösung an einen Dritten

Zusammenfassend lässt sich sagen, dass sich die juristische Denke an Positionen, Standpunkten und Verhalten orientiert.

Für eine nachhaltige Konfliktlösung scheint dieses Vorgehen jedoch nicht zu sorgen, da hier lediglich an der Oberfläche gekratzt wird. Nach den

---

[19] Ponschab/Schweizer, Kooperation statt Konfrontation, S. 19 ff.
[20] Ponschab, Mediation und Litigation, S. 26.

eigentlichen Motiven, den Interessen hinter dem Streitgegenstand wird hier keine Zeit aufgewandt.

Doch hier setzt das Mediationsverfahren an. Das Ziel ist es, die Parteien zu befähigen ihre eigenen Konflikte zu bearbeiten. Sie unterstützt die Kommunikation der Parteien bei Kränkungen, Missverständnissen oder Meinungsunterschieden und dabei während dieses Prozesses die Perspektiven zu wechseln und gemeinsam einen Lösungskorridor zu entdecken.[21]

Die Idee, welche sich hinter der Mediation verbirgt, ist die, Interessen sichtbar werden zu lassen, um in einen konstruktiven Austausch zu gelangen der eine kreative Lösungsfindung hervorbringt. Wie bereits schon mehrfach erwähnt, orientiert sich die Mediation danach, welche Motive oder Bedürfnisse hinter den (oberflächlichen) Positionen liegen. Dabei geht sie der Frage nach dem „warum?" nach. Es geht nicht darum wer Recht hat, sondern wie derjenige diese Situation interpretiert. Laut der Pyramide von Schwarz[22] ist der Konsens die höchste Stufe, die erreicht werden kann, um einen Konflikt nachhaltig zu lösen. Dies findet sich in der Mediation durch das Verfolgen der Interessen und dem Ansatz des sog. kooperativen Verhandelns wieder. Dieser Ansatz verfolgt, im Gegensatz zu dem der juristischen Denkweise, folgende Maxime:[23]

- Für das Lösen ihrer Konflikte seien die Parteien selbstverantwortlich
- Jede Partei erläutert ihre persönliche Sichtweise, um gegenseitiges Verständnis zu erreichen
- Individuelle Bedürfnisse und Interessen werden offen diskutiert
- Während des gesamten Verfahrens herrscht ein lösungsorientierter Ansatz

Zusammengefasst lassen sich folgende Vorteile eines Mediationsverfahrens darstellen. Im Gegensatz zur juristischen Methode herrscht hier der Grundgedanke der subjektiven Wahrheit und das Verständnis gegenüber individuellen Ansichten. Hinterfragt wird das Problem soweit, bis persönliche Interessen sichtbar und transparent werden. Dabei wird stets nach

---

[21] Dulabaum, Mediation, S. 12.
[22] Schweizer, Konflikte und wie wir sie lösen, S.15.
[23] Ponschab, Mediation und Litigation, S.27.

Lösungen gestrebt und eine optimistische Problemlösekultur geschaffen. Es herrscht der allgemeine Glaube an eine win-win-Lösung.

Auch die Mediation ist nicht perfekt und demnach auch nicht für jeden Konflikt geeignet. Ist ein Konflikt zum Beispiel schon sehr weit fortgeschritten und aussichtslos, kann vielleicht gerade dann der Weg eines Gerichtsverfahrens sinnvoll sein. Auch bei starken Machtgefällen kann das Gerichtsverfahren sinnvoll sein, hier ist es ggf. nicht mehr nötig oder möglich in die Ursachenforschung des Konfliktes zu gehen. Dabei kann das Verfahren dann möglicherweise schneller (ohne Mediation) durchgeführt werden. Ist weiterhin die nötige Bereitschaft der Parteien und somit auch das Vertrauen in eine Mediation nicht gegeben, sollte von einer Mediation abgesehen werden, da es hier zu einem (überdurchschnittlich) längeren und dementsprechend auch kostenintensiveren Verfahren werden kann, dass den Beteiligten Geduld abverlangt, die sie nicht haben Des weiteren wird die Entscheidung an eine dritte Partei, den Richter, abgegeben. Das bedeutet für wiederum, dass die Entscheidung für die Parteien rechtskräftig/ bindend ist und von der Gewinnerpartei zum Beispiel durch eine Zwangsvollstreckung durchgesetzt werden kann.

Die Vorteile eines Mediationsverfahrens liegen demnach vor allem in der Selbstverantwortung Sich selbst seinen Problemen zu stellen und dadurch seine eigene Konfliktfähigkeit zu stärken. Dies bedeutet auch, dass die Parteien sich aufeinander einlassen müssen, um den anderen zu verstehen und wiederum seine eigenen Interessen zu hinterfragen. Die Parteien haben die Möglichkeit, einen eigenen Lösungskorridor zu definieren und vorausschauend langfristige „Partnerschaften" einzugehen. Somit wird sich nicht nur gedanklich, sondern auch tatsächlich von der schwarz-weiß-Denke „es kann nur einen Gewinner geben" gelöst. Ein weiterer Vorteil ist, dass die Zeit die durch ein überlastetes Rechtssystem produktiv genutzt und die Hilfe zur Selbsthilfe gefördert wird.

Fragen/ Vorüberlegungen, die dabei helfen können zu entscheiden ob eine Mediation das Richtige Verfahren ist, könnten beispielsweise lauten: Spielen Gefühle in dieser Auseinandersetzung eine Rolle? Soll der Streitfall ausführlich besprochen werden? Und braucht es eine langfristige Lösung für das Problem?[24]

---

[24] Hardt, Besonderheiten der Mediation zwischen Unternehmen, S. 8f.

Aufgabe 5

Für welche Konfliktlagen ist Mediation interessant und warum? Ist hier die Durchführung einer Mediation empfehlenswert?

In Aufgabe 4 wurde bereits auf die Unterschiede zwischen dem Gerichtsverfahren und der Mediation eingegangen, sowie auf die Vorteile, die ein Mediationsverfahren bietet. In diesem Abschnitt wird der Begriff Konflikt mit seinen möglichen Lösungsansätzen genauer betrachtet. Des weiteren wird die Mediation als Konfliktlösungsverfahren darin verortet um anschließen deine Empfehlung zu formulieren.

Bei der Definition von Konflikt wird hier auf eine weitreichende Historie des Begriffs verzichtet. Der Begriff Konflikt bedeutet wörtlich „streiten" oder „kämpfen" (lat.) und ereignet sich auf der (zwischenmenschlichen) Beziehungsebene.[25]

Laut Glasl liegt immer dann ein Konflikt vor, wenn sich zwei (oder mehrere) Individuen in ihrem Denken, Fühlen, Wahrnehmen oder Wollen beeinträchtigt fühlen.[26] Da jeder Mensch eine eigene (individuelle) Weltanschauung hat, scheint ein „aneinander vorbeireden" praktisch ständig stattzufinden. Daraus lässt sich ableiten, dass jeder Mensch den Moment, in dem ein Konflikt entsteht, unterschiedlich empfindet. Es kann demnach keine einheitliche Herangehensweise an einen Konflikt geben. Welche Möglichkeiten Konflikte zu lösen gibt es also?

Schwarz identifiziert in seiner Pyramide dabei sechs Stufen der Konfliktlösungsversuche (von unten angefangen):[27]

- Flucht,
- Vernichtung,
- Unterordnung,
- Delegation,
- Kompromiss und
- Konsens.

Der Konsens sei hierbei die höchste und auch nachhaltigste Form der Konfliktbeilegung, da die Parteien hier selbstverantwortlich an ihren

---

[25] Duss-von Werdt, Systemische Einführung in die Mediation, S. 36.
[26] Glasl, Konfliktmanagement, S.13 ff.
[27] Schwarz, Konfliktmanagement, S. 277 ff.

Streitgegenständen/ Problemen arbeiten.[28] In welcher Form diese zum Einsatz kommen bzw. beobachtet werden können, soll hier nicht weiter betrachtet werden. Für die hier vorliegende Aufgabenstellung stellt sich die Frage mit welcher Methode bzw. mit welchem Verfahren die oben erwähnten Stufen unterstützt werden können. Hierzu gibt es laut Goldberg et all vier mögliche Lösungsformen (Modelle der Konfliktlösung):[29]

- Die Vermittlung (Mediation)
- Das Verhandeln (Negotiation)
- Die Schiedsgerichtsbarkeit (Arbitration)
- Der Gerichtsprozess (Litigation)

Betrachtet man nun diese vier Formen von Goldberg et al und ordnet sie den verschiedenen Konfliktlösungsmöglichkeiten zu, so könnte sich folgendes Konstrukt ergeben:

- Litigation und Arbitration → Delegation, durch den (Schieds-)richter
- Negotiation → Kompromiss, durch Verhandeln
- Meditation → Konsens, durch Vermittlung

Auf Basis der hier aufgeführten Optionen, lässt sich nun eine Empfehlung ableiten.

Die Mediation ist für all diejenigen Parteien eine Option, die das Ziel verfolgen eine nachhaltige Lösung zu kreieren und an den Bedürfnissen und Interessen der anderen Partei(en) interessiert sind. Ein entscheidender Aspekt ist demnach die Bereitwilligkeit der Parteien zu kooperieren und gemeinsam an einer Lösung zu arbeiten. Es wird nicht die Frage nach dem Recht gestellt, sondern einem Gespräch auf Augenhöhe gefördert.

Die Ursache eines Nachbarschaftsstreits basiert auf der Beziehungsebene, denn die Parteien kennen sich und es verbindet sie meistens auch eine längere Vergangenheit. Oft wird dann der Moment verpasst sich auf den eigentlichen Auslöser zu konzentrieren und es kommt zu Missverständnissen sowie falschen Interpretationen der jeweiligen Begegnung. Um solch einen Konflikt zu lösen, empfiehlt es sich den Auslösern bzw. Ursachen auf den Grund zu gehen. Dafür braucht es die „Experten" - die streitenden Parteien - selbst. Ein Mediationsverfahren ist demnach sehr gut geeignet.

---

[28] Schweizer, Konflikte und wie wir sie lösen, S. 15.
[29] Goldberg et al, Dispute Resolution, S.4.

In dem hier geschilderten Fall ist eine Mediation deshalb zu empfehlen, da es sich hierbei um zwei Parteien handelt, die sich zukünftig weiterhin begegnen werden und eine nachhaltige Lösung demnach vorteilhaft wäre. Ein Mediationsverfahren bietet einen neutralen und fairen Boden, um beide Parteien und ihre unterschiedlichen Interessen zu beleuchten. Dabei werden alle Gedanken und Gefühle wertfrei zugelassen und im weiteren Verlauf dazu verwendet, neue noch bisher unberücksichtigte Lösungsmöglichkeiten zu erörtern.

Aufgabe 6

Vor- und Nachteile einer Mediation in den Räumlichkeiten einer Partei. Wie lautet die Empfehlung?

In diesem Abschnitt wird die Möglichkeit betrachtet, inwieweit eine Mediation bei einer der Parteien durchgeführt werden kann oder ob ein neutraler Ort für das Verfahren besser geeignet ist. Dabei werden die Aspekte einerseits aus der Sicht der Parteien und anderseits aus der Sicht des Mediators diskutiert und am Ende zu einer Empfehlung zusammengefasst.

Aus Sicht der Parteien lässt sich der Vorteil der vertrauten Umgebung nennen. Sie haben hier die Möglichkeit sich in ihrem eigenen zu Hause sicher zu fühlen und können das Problem bzw. den Streitgegenstand vorführen. Hieraus könnte sich ein weiterer Vorteil ergeben, den der Empathie. Die andere Partei wiederum erlebt den „Schmerz" aus nächster Hand und könnte demnach ihre Position verlassen. Somit könnte ein Treffen im eigenen zu Hause durchaus Empathie fördern.

Ein weiterer Vorteil könnte bei einer körperlichen Beeinträchtigung liegen. Sollte eine Partei Schwierigkeiten haben das Haus zu verlassen (was in unserem Beispiel nicht der Fall ist), könnte es auch hier von Vorteil sein, dass sich die Parteien in der Wohnung treffen.

Generell kann ein Treffen bei einer der Parteien aus Sicht der anderen Partei wiederum als unfair angesehen werden. Es wird der Eindruck vermittelt, als ergreife der Mediator Partei und versucht die andere Partei damit zu beeinflussen (Framing)[30]. Die Gegenpartei könnte daraufhin ein Treffen bei sich zu Hause einfordern. Dieses könnte sich zwischen den Parteien wiederholen, sodass diese Option einen ständigen Ortswechsel zur Folge hat.

Betrachtet man die Aspekte aus Sicht des Mediators, so lässt sich folgendes feststellen. Ein ständiger Ortswechsel gefährdet die Struktur des Verfahrens. Eine Aufgabe des Mediators ist es für eine Struktur im Gesprächsverlauf zu sorgen. Dies kann er auf verschiedene Arten und unter zu Hilfe nahme verschiedenster methodischer Mittel (z.B. Flipchart) geschehen. Um diese Struktur aufrecht zu erhalten, empfiehlt es sich einen neutralen Raum zu verwenden, in dem gearbeitet wird. Einen weiteren

---

[30] Trijp, Encouraging sustainable behavior, S. 37 ff.

Vorteil, den ein neutraler Raum bietet ist, dass „neue" Erinnerungen entstehen. Der neue Raum ist frei von alten Lasten und schlechten Erinnerungen. Die Räumlichkeiten der Parteien werden mit einer gemeinsamen Historie und damit auch negativen Emotionen verbunden. Ein neutraler Raum könnte diesen „circulus vitiosus' durchbrechen und eine kreative Lösungsfindung fördern.

Weitere Vorteile eines neutralen Raums sind Ruhe und Fokus. Bei einer Mediation zu Hause ist die Wahrscheinlichkeit groß, dass sich viele Störfaktoren und Nebengeräusche, wie Telefon, Türklingel, andere Personen oder Haustiere einschleichen und den Fokus der Ergründung der Interessen dadurch stören.

Des weiteren benötigt die strukturierte Durchführung der Mediation bestimmtes „Equipment" wie zum Beispiel Flipchart, Modakarten und weitere Dinge, die dabei helfen die Gespräche konstruktiv am Laufen zu halten. Nicht zu Letzt ist auch das Setting selbst schon entscheidend für die richtige Ausgangssituation. Dazu gehört z.B. ein runder Tisch und weitere zusätzliche Räume als Rückzugsort.

Die Aufgabe des Mediarots ist es weiterhin darauf zu achten, dass keine Nebenkriegsschauplätze oder andere längst vergangene Themen aufkommen. Luhman beschreibt diesen Ansatz als „Abgrenzung des Systems gegen die Umwelt".[31] Ein geschlossenes System, indem alles was gesagt wird auch Gehör findet und somit betrachtet werden kann. Dies ist entscheidend um alle Interessen, Motive und Befindlichkeiten beschreiben und diskutieren zu können.

Die Empfehlung lautet deshalb von einem Mediationsverfahren in den Räumlichkeiten einer Partei abzuraten. Ein Verfahren in den Räumlichkeiten der Parteien widerspricht dem Grundsatz der Neutralität und Unabhängigkeit (Unparteilichkeit). denn der Mediator hat laut Mediationsgesetz seine Unabhängigkeit zu gewährleisten und als neutrale Person die Parteien durch die Mediation zu führen (§ 1 Abs.2). Des weiteren die Vertraulichkeit des Mediators und noch viel gravierender seine Authentizität.

---

[31] Luhmann, Die Gesellschaft der Gesellschaft, S. 81.

Literaturverzeichnis

Dulabaum, N.: Mediation: Das ABC: Die Kunst, in Konflikten erfolgreich zu vermitteln, Beltz, 5. Auflage, Weinheim und Basel, 2009.

Duss von Werdt, J.: Systemische Einführung in die Mediation, Hagen 2017.

Glasl, F.: Konfliktmanagement, Bern, 11. Auflage 2013.

Goldberg, S. B./Sander, F. E. A./Rogers, N. H.: Dispute Resolution: Negotiation, Mediation, and other Processes. Aspen Publishers, Boston, Toronto, London, 5. Auflage 1992.

Hardt, H.: Besonderheiten der Mediation zwischen Unternehmen, Springer, Wiesbaden 2019.

Kracht, S.: Aufgaben des Mediators, Hagen 2017.

Ponschab, R.: Mediation und Litigation, Hagen 2020.

Luhmann, N.: Die Gesellschaft der Gesellschaft, Frankfurt a. M. 1997.

Ponschab, R./Schweizer, A.: Kooperation statt Konfrontation: Neue Wege anwaltlichen Verhandelns. 2. Auflage, Köln 2010.

Schlieffen, K. von: Praktische Einführung in die Mediation, Hagen 2020.

Schmitt, C.: Der Hüter der Verfassung, Tübingen 1931.

Schwarz, A.: Konflikte und wie wir sie lösen, Hagen 2014.

Schwarz, G.: Konfliktmanagement: Konflikte erkennen, analysieren, lösen, Springer, Wiesbaden, 2012.

Schweizer, A.: Konflikte und wie wir sie lösen, Hagen 2020.

Trijp, H. C. M. van: Envouraging Sustainable Behavior: Psychology and the Environment, New York, 2014.